Ronald Zelada Alaya

Los 8 pasos para ser feliz

Ronald Zelada Alaya

Los 8 pasos para ser feliz

Transforma tu vida en una verdadera paz

JustFiction Edition

Imprint

Cover image: www.ingimage.com

Publisher:
JustFiction! Edition
is a trademark of
Dodo Books Indian Ocean Ltd., member of the OmniScriptum S.R.L Publishing group
str. A.Russo 15, of. 61, Chisinau-2068, Republic of Moldova Europe
Printed at: see last page
ISBN: 978-620-3-57517-0

RONALD ZELADA ALAYA

LOS 8 PASOS PARA SER FELIZ

Transforma tu vida en una verdadera paz

Breve descripción del escritor

Ingeniero de minas con más de 4 años de experiencia en el sector minero, con estudios en Neurociencia. Motivador líder joven de Política del Perú.

Coach PNL Motivacional, entrenado por Mauricio Benoist Conferencista internacional.

Oratoria Liderazgo y Motivación, entrenado por Orlando Mendoza Ayala Conferencista internacional.

(Gracias también a las colaboraciones de grandes mentores nacionales como, Nikolay Aguilar y Jorge Garayar) Tema de empoderamiento; conferencia motivacional para jóvenes y padres. (En ello aprendimos a desarrollar la autoestima, orientación personal y manejar correctamente las situaciones de la vida, entre otros. De esta manera empoderar y descubrir su felicidad del lector) Experiencia; Soy un joven que ayudo y asesoro a un promedio de 200 jóvenes a descubrir su potencial, así mismo, en los años 2019 y 2020 impartí más de 50 conferencias a trabajadores mineros.

"Lema: Si los jóvenes supiéramos despertar al león que llevamos dentro, no habrá amazonas ni fronteras que nos pueda detener"

Resumen

Mi objetivo es que conozcas estos 8 pasos para ser feliz y sé que con este libro lograras un cambio de 180 grados transformando tu vida en una verdadera paz y satisfacción. Este libro es necesario para cualquier persona que hasta la fecha no haya alcanzado la felicidad y vive atrapado en sus costumbres, creencias, paradigmas y malos hábitos y nunca alcanzo el óptimo equilibrio de abundancia en su vida. Aquí encontrarás lo que en otros libros no has leído, aquí encontrarás respuestas psicológicas y estrategias profundas para romper con hábitos que recodificarán tu mente hacia la abundancia.

Los 8 Pasos para ser feliz

1. Primer paso, reconoce la existencia de Dios en todas las cosas de la vida, pon todas tus metas y objetivos en sus manos no te apoyes solo en tu propio entendimiento, así mismo, debes amarlo y darle gracias por todas las bendiciones que recibes, salud, vida, dinero, familia, autoestima, sentidos para ver lo maravilloso de este mundo, vestimenta, alimentación y libre albedrío (libertad para decidir). Cuando despiertes te recomiendo que repitas las siguientes frases de motivación personal para que aumentes tu estado de energía:
    - Hoy es el mejor día de mi vida.
    - Soy muy feliz.
    - Amo a la naturaleza.
    - Me gusta tener muchos amigos.
    - Me siento dichoso y amado.
    - Soy triunfador.
    - Soy dueño de mis emociones.
    - Me gusta comer frutas y verduras.
    - Tengo mucha iniciativa.
    - Tengo un propósito bien definido.
    - Invierto en mi desarrollo personal.
    - Me alimento sano.
    - Practico la meditación.
    - Tengo el buen hábito de leer.
    - Me gusta cuidar el medio ambiente.
    - Amo a la humanidad.
    - Soy valiente como el León.
    - Soy fuerte como el acero.
    - Soy ágil como la cebra.
    - Soy veloz como el rayo.
    - Soy puntual con mis compromisos.
    - Cuando estoy en el escenario me enaltezco.
    - Cuando estoy en el escenario me agiganto.
    - Mi mente es poderosa.

- Mi capacidad infinita.

Con esto te estoy diciendo que cambies la forma de pensar, tu mapa mental y pronuncies frases positivas en tiempo presente en vez de frases negativas, recuerda que tu sub consiente todo va captando y canalizando. Te recomiendo que cada día al despertar y antes de bajar los pies de tu cama repitas estas frases en voz alta, hazlo por más de 5 ciclos consecutivos, estoy seguro que después de esto tu estado de ánimo y de energía se elevará, es entonces en donde cada día te convertirás en la persona más feliz del planeta solo cree y ten fe has lo que te indico conviértelo en una costumbre y por ende un hábito.

Gracias a los Libros de David Angulo de Haro, yo aprendí a ser muy feliz, hay un viejo proverbio que dice la práctica hace al maestro y otro dime con quién andas y te diré quién eres, lee, investiga e invierte en tu desarrollo personal y serás exitoso, despréndete del celular, tv basura, de los vicios y remplaza por audiolibros de auténticos triunfadores quienes vencieron diversas adversidades a base de constante práctica, sacrificio, esfuerzo, dedicación y bastante imaginación, es momento de comenzar, ve no te quedes de brazos cruzados tu puedes ser rico en todos los aspectos de tu vida, prepárate para que algún día cuando las dificultades te visiten puedas renacer desde tus cenizas como el ave fénix y volar hasta lo más alto del planeta. Decía Orlando Mendoza Ayala uno de mis grandes maestros de la oratoria conferencista peruano "Nada de lo que está escrito se debe dejar de leer, un libro abierto es como un cerebro que habla".

Practica la meditación respira por 15 minutos diarios, cinco en la mañana, al medio día y por tarde para liberar tu espacio mental y tener una mayor concentración y un buen desempeño en tus actividades diarias. Existen creencias que distraen y perturban nuestro ser que validamos de otras personas o de nuestros antepasados y lo convertimos en hábitos viejos obsoletos que malogran nuestra mente y daña nuestra salud.

Un hábito es una conducta adquirida por repetición. Por ejemplo, Yo tengo el hábito de hacer ejercicios, durante el día hago 20 planchas en la mañana, 20 planchas al medio día y 20 planchas por la tarde, así como este también se puede desarrollar en otras actividades o rutinas diarias como lecturas, la forma correcta de alimentarse, utilizar tu tiempo de forma productiva, entre otros. Adquirir todo esto es cuestión de repetición con el ejercicio o la práctica se integran cada vez más los movimientos que participan en cada acción. A medida que se van corrigiendo los movimientos inadecuados, la acción se hace más perfecta y eficaz. Con el tiempo el hábito se convierte en conducta automática de modo que la mente queda libre para ocuparse de otras cosas.

David Angulo de Haro en su libro claves para el éxito afirma, que los buenos hábitos son indispensables para triunfar en lo que deseamos, vamos a comprender mejor los procesos que tienen lugar en el interior del cerebro. Cuando recibimos un estímulo o información, se pone en marcha un proceso químico que genera la formación de una proteína, lo cual hace que el estímulo o información se propague por las neuronas y quede grabado en ellas. Al principio la grabación es muy leve y temporal. Si el estímulo o información se repite, la grabación se hace cada vez más profunda. Una vez que el "hábito" o aprendizaje, se ha grabado de forma sólida, queda automatizado, es decir, que, al recibir un estímulo que tiene relación con el hábito o aprendizaje ya adquirido, el cerebro se activa y produce de forma automática e instantánea la respuesta correspondiente. El aprendizaje inicial, convertido en hábito, desencadena un reflejo condicionado. Este es el mecanismo por el cual aprendemos todo lo que hacemos y todo lo que sabemos. Casi el 95 % de lo que hacemos todos los días responde a hábitos y a experiencias adquiridas.

Los hábitos son una forma de economizar energía para invertirla en nuevos proyectos. El desarrollo y el éxito en toda actividad dependen de la adquisición de hábitos eficaces. Todo lo que realizas (moverte, caminar, hablar, leer, escribir, pensar, etc.), es el resultado de hábitos. Cuanto más perfectos son los hábitos, más fluidas y eficaces son las conductas y mayores las posibilidades de éxito.

Los hábitos, cuanto más eficaces son, más poder tienen, pues hacen que las conductas resulten fáciles y que se logren los objetivos deseados, lo cual resulta gratificante. El hecho de que la mayoría de los trabajos resulten pesados y desagradables se debe a que las personas no han desarrollados hábitos eficaces y, por tanto, funcionan por debajo de las exigencias requeridas. Sin hábitos correctos, todo resulta difícil y desagradable.

Los hábitos no se adquieren por simple repetición sino por una integración y jerarquización de los movimientos en una estructura cada vez más simple, perfecta y fluida; por lo cual es indispensable aprender a hacer bien las cosas, porque al hacerlas bien creamos las condiciones para hacerlas mejor. Por esta razón. "Tú dependes de la calidad de lo que haces" El autodidactismo no es el mejor método para aprender debido a que exige mucho tiempo y esfuerzo y aprender de los propios errores, lo cual no tiene sentido. Lo más inteligente es aprender de personas exitosas; ellas son los modelos a seguir. Debido a que los hábitos perfectos son más eficaces y, por tanto, más productivos, se ha generado una tendencia a la especialización, a nivel de empresas, profesiones, estudios, deportes, etc. La especialización es buena en sí, pero la excesiva especialización, en detrimento del desarrollo integral de las personas, es contraproducente.

Los hábitos pueden convertirse en conductas rígidas, de modo que la persona puede quedar atrapada en conductas arcaicas que le impiden adaptarse y progresar. Para evitar que los hábitos se conviertan en rutina, necesitamos mantener una actitud creativa, de cambio. Los hábitos (alcohol, fumar, drogadicción, sexo, juego, compras, deportes, videos, televisión, internet, trabajo, comida, etc.) pueden convertirse en adicciones, cuyas consecuencias ya sabemos; por lo cual es aconsejable poner a tiempo unos límites razonables. Puesto que toda nuestra vida depende de hábitos, deberíamos aprender, desde niños, numerosos hábitos fluidos y eficaces, tales como: leer bien, pensar, hablar bien, escribir, relacionarnos, disciplina, alimentación, responsabilidad, ser felices, compartir, etc.) Estos hábitos hacen que la vida fluya de forma natural y espontánea y que el hecho de vivir sea un placer maravilloso. Los hábitos eficaces transmiten mensajes internos de seguridad. La persona siente un poder interno y la certeza de que puede resolver exitosamente las dificultades de la vida. Tal vez esta sensación interna de seguridad sea el mayor beneficio de tener hábitos eficaces.

Te recomiendo que elabores una lista de todos los hábitos buenos que te ayudan a desarrollar o formarte como persona y otra lista de los hábitos obsoletos que debes reemplazarlos por buenos. Luego elaborar un plan de acción de conductas positivas y ponerlo en práctica.

No esperes el mañana para decidir ser mejor comienza hoy, atrévete todo es posible para los que piensan hacerlo.

Si piensas que estas vencido. Lo estas.

Si piensas que no te atreves. No lo harás.

Si piensas que te gustaría ganar, pero que no lo puedes, no lo lograras.

Porque en el mundo encontraras que el éxito comienza con la voluntad el hombre.

Todo está en el estado mental.

Porque muchas carreas se han perdió antes de haberse corrido.

Porque muchos cobardes han fracasado antes de haber empezado su trabajo.

Piensa en grande y tus hechos crecerán.

Piensa en pequeño y te quedaras atrás.

Tienes que estar seguro de ti mismo para intentar ganar un premio.

La batalla de vida no siempre la gana él que es más rápido ni él más ligero.
Tarde o temprano gana aquel que cree poder hacerlo.

Cristhian Barnard

2. Segundo paso, cada día que pasa mantén un enfoque claro en lo que debes hacer, es decir utiliza la parte racional de tu cerebro para desarrollar las cosas con amor, entusiasmo, actitud mental positiva, con mucha pasión y ten un propósito bien definido, piensa que cada día es único y maravilloso aprovéchalo como si fuese el último día de tu vida, amaté a ti mismo y todos los días al levantarte y al acostarte, debes afirmar: "yo soy valioso, Soy muy feliz, Soy carismático, soy inteligente, soy hospitalario y no hay obstáculo que no pueda vencer". Este paso se llama: Valorarse uno mismo y eso es tener una excelente autoestima.

Autoestima

Existe personas que tienen una **brillante autoestima** y que están **satisfechos consigo mismos**. Sin embargo, hay otras que tienen **baja autoestima** y esto les produce una serie de **consecuencias negativas en sus rutinas diarias** como, por ejemplo, pensar que lo que son y lo que hacen es menos válido que lo que hacen los demás, es decir se sienten inseguras, insatisfechas y sensibles a las críticas. Otra característica de las personas con baja autoestima puede ser la dificultad de mostrarse asertivas, es decir, de reclamar sus derechos de una manera adecuada. Acto que conlleva a enfrentar situaciones difíciles con las cuales se tiene que lidiar en el día a día. Repitiendo las frases de líneas arriba no permitirás que esta enfermedad se apodere de tu ser.

Podemos afirmar que la autoestima es la base, los cimientos de nuestra salud psicológica. Una autoestima sana previene enfermedades psicológicas como la depresión, el estrés o la ansiedad. Es también una de las bases de las relaciones humanas y, por lo tanto, afecta de forma directa a nuestra manera de actuar en el mundo y de relacionarnos con los demás, así mismo, ser gratos cuando otros le ofrecen cumplidos o elogios y de la misma manera, son capaces de reconocer cariño, elogios y cumplidos.

Como se puede apreciar, tener una buena autoestima es importante. A continuación, les mostraré dos imágenes simulando la autoestima baja y alta.

Características de personas de baja autoestima.

Características de personas de alta autoestima - Recibir y dar cariño.

Observa, evalúa y analiza con cuál de las imágenes te identificas en la actualidad, has una lista de rutinas diarias a seguir para mejorar tu autoestima y alcanzar una vida plena de alegría y felicidad.

3. El tercer paso, es que revises la estructura mental y elimines la parte oscura de tu cerebro, la envidia, el temor, la ignorancia, la frustración, el odio, el miedo y el egoísmo son los peores enemigos de la mente humana, decía Platón "Sólo sé que hay un bien que es el conocimiento. Sólo sé que hay un mal que es la ignorancia" Recuerda que con una sola palabra puedes hacer amigos y con una perder amigos, dijo David, A. H. "La palabra es como una espada de dos filos que en muchos casos es usada para bien y en otros para mal, hay momentos que van cargadas de amor, aprecio, cariño, ternura y mucho valor y en otros casos va cargada de envidia, odio y frustración". El ser humano debe pensar, analizar, crear y evitar ser toxico para que no se lamente cuando sea demasiado tarde. Seamos personas cultas, honestas, responsables y muy disciplinados, deja que tus hechos hablen por ti y mientras vivas has el bien seamos mensajeros de paz, seamos un ejemplo para nuestra familia, aprendamos a saludar con afecto, con amor y ternura, todo es gratis, no cuesta nada ser sociables, esta vida es pasajera solo dura un momento, la vida es como una neblina que aparece por un momento y luego desaparece para siempre o es como una vela encendida que viene el viento y lo apaga, el señor Jesucristo en uno de sus libros bíblicos compara la vida con la yerba verde del campo que en la mañana amanece floreciente y por la tarde puede ser cortada y seca, entonces de nada sirve ser egoísta, se bueno y agradecido con Dios.

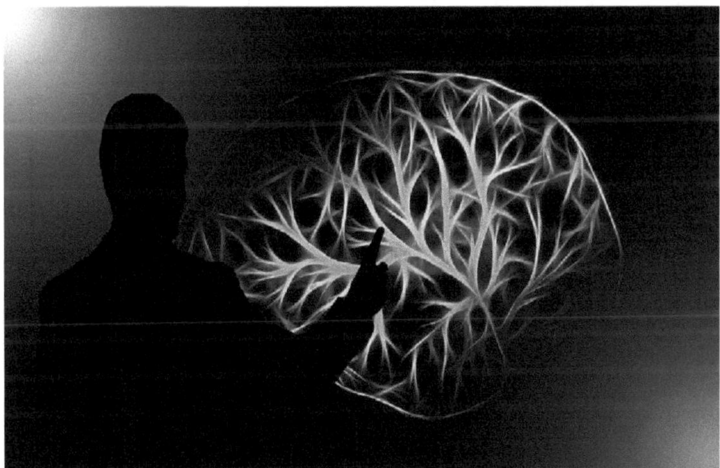

Busca en el fondo de tu cerebro una lista de todas las palabras que no le gusta escuchar a la gente como envía, odio, egoísmo, fracaso, estrés, ansiedad, amenaza, aborrecible, dolor, miedo, mediocre, venganza, repugnante, ultraje, matar, daño, desperdicio, celos, crueldad, violencia, codicia, hostigar etc. Y escríbelo a continuación, piensa que lo estás dando mantenimiento y estas sacando todo el aceite quemado que solo te causo problemas en la sociedad, a continuación de tejo unas líneas para que puedas plasmar tu ejercicio y lo elimines para siempre.

Una vez que limpies tu cerebro escribe una lista de palabras que le encanta escuchar a la gente como amor, cariño, solidaridad, autoestima, dinero, riqueza, felicidad, paz, libertad, etc. Las mismas que remplazará a las frases negativas y que te ayudará a realizar un cambio de 360 grados e iniciar un nuevo comienzo, una vida llena de abundancia y felicidad.

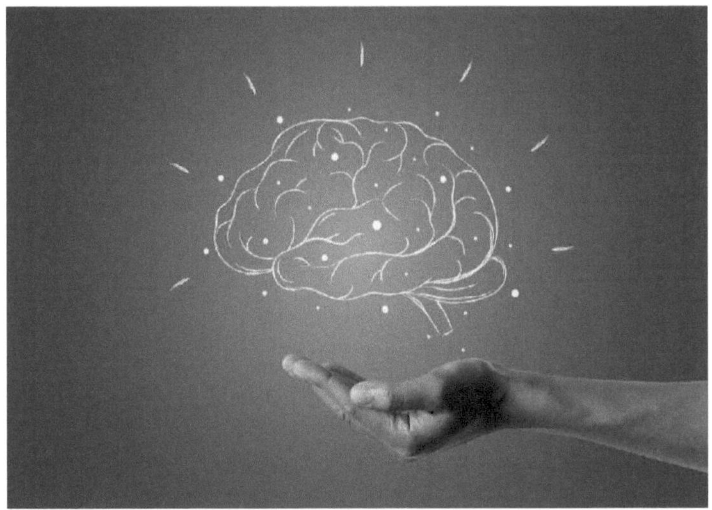

Lista de palabras agradables que le gusta escuchar a la gente.

Alegría	Bondad	Aplauso
Amistad	Calidad	Carácter
Compartir	Confianza	Corazón
Coraje	Cortesita	Deseo
Decente	Diversión	Energía
Felicidad	Gratitud	Familia
Impulso	Imaginación	Hogar
Juventud	Justicia	Paz
Libertad	Éxito	Triunfo
Verdad	Servicio	Riqueza
Valor	Verdad	Talento
Fidelidad	Hospitalidad	Respeto

Frases con las que te puedes apoyar para realizar tu lista y no olvides ponerlo en práctica.

4. El cuarto paso, es que debes poner en práctica todo lo que dices que eres, es decir, si piensas que eres inteligente, actúa inteligentemente; si piensas que eres capaz, haz lo que te propones; si piensas que eres bueno, expresa tu bondad con la gente; si piensas que no hay obstáculos que no puedas vencer, entonces proponte metas en tu vida y lucha por ellas hasta lograrlas, y si piensas que eres hospitalario, preocúpate por los demás. Este paso se llama: motivación.

Repite las frases que te indique líneas arriba y hallarlas el éxito. Evita los tres excesos de la vida, la depresión, el estrés y la ansiedad. El primero es preocuparse por el pasado, el segundo es preocuparse por el presente y el tercero es preocuparse por el futuro, no arruines tu vida dándole sentido a estas emociones destructoras, domina tu mente y se feliz.

Decía Virgilio "El hombre más poderoso del mundo es aquel que es dueño de sí mismo".

Otra emoción destructora es el miedo, el temor son enfermedades destructivas que adormecen el entusiasmo y no te dejan avanzar.

Algunos ejemplos de esto son el miedo al qué dirán, hablar público, a la oscuridad, a reprobar un examen en la universidad, etc. No alimentemos estas emociones son las responsables de dañar nuestra salud, el miedo no existe si tú lo decides.

Perseverancia

Es la garantía de éxito. La razón está en que la persona constante, pone atención e interés en lo que hace y de forma progresiva se va enriqueciendo con ese intangible llamado experiencia y sabiduría. Además, el interés pone a funcionar otras inteligencias como la intuitiva y la emocional. En una sociedad de cambios y de prisas, queda poco tiempo para dedicarse a las cosas con paciencia y constancia, sin embargo, el tiempo y la perseverancia son ingredientes importantes de toda obra valiosa. Toda creación importante supone tiempo y dedicación. Los grandes triunfadores de la ciencia, de la empresa, del arte, del deporte viven abocados en cuerpo y alma a su trabajo; piensan y sueñan en su trabajo, convertido en un reto ineludible. David A. H.

Triunfo

Es la conquista de objetivos que alcanzamos en el mundo interno, es ESPIRITUAL, es el hecho de vencerse a uno mismo, desarrollando nuestro carácter, personalidad y transformado nuestros defectos en virtudes, amando a la humanidad, sabiendo que alguien sintió alivio y felicidad por nuestra causa, ayudando a lograr las aspiraciones de otros y cuidando el medio ambiente.

Los hombres que luchan un día son buenos, los que luchan un año, son mejores, pero aquellos que luchan toda una vida, aquellos son los imprescindibles. **Bertolt Brecht.**

Si estás leyendo estas líneas y llegaste hasta aquí es porque eres de esas personas perseverantes que buscan ardientemente el éxito, personas que aman la superación y creen que a través de la lectura uno puede ser sabio y refinar su personalidad. Estoy seguro que cuando termines de leer los 8 pasos quedaras completamente nuevo, comenzaras a volar con tus propias alas y comenzaras una vida nueva.

5. El quinto pasó, es que no debes envidiar a nadie por lo que tiene o por lo que es, ellos alcanzaron su meta y tú debes lograr las tuyas. No te quedes de brazos cruzados sal y busca oportunidades se emprendedor inicia tu propio negocio no trabajes para otros y si no lo haces alguien te contratara para que trabajes para ellos y pasar el resto de tu vida siendo un empleado, recuerda el éxito de cada persona mucho depende de la calidad de sus ideas y pensamientos. Aquí abajo te dejo algunas preguntas que puedes hacerte sobre tu futuro.
    - ¿Cómo te ves en diez años?
    - ¿Cómo te gustaría ser?
    - Si pudieras proyectarte hacia el futuro
    - ¿Cómo te gustaría verte?
    - ¿Cómo imaginas el futuro de este proyecto?
    - Imagina el futuro ideal de esta relación ¿Cómo te gustaría que fuera?

Preguntas poderosas que te ayudarán a descubrirte:

- ¿Qué no estoy dispuesto a cambiar?
- ¿Qué haré de diferente manera la próxima vez?
- ¿A qué me estoy resistiendo?
- ¿Qué haría si no pudiera fracasar?
- ¿Cuáles son mis expectativas aquí?
- ¿Cuáles son mis habilidades y talentos?
- ¿Qué hábitos me están deteniendo?
- ¿Hasta qué punto estoy comprometido con mi objetivo?
- ¿Cuáles son mis recursos en esta situación?
- ¿Qué es lo que más me motiva?
- ¿En qué pierdo la noción del tiempo?

- ¿En qué puedes ser el numero 1 a nivel mundial?
- ¿En qué mercado ves el pez grande?

Coge un lápiz y transcribe estas preguntas, reflexiona y contesta con toda sinceridad y hazte una promesa, trázate objetivos, metas, proyéctate tu misión y visión a futuro y escribe que es lo que darás a cambio de cumplir todas tus respuestas que plasmaras a continuación.

Una vez contestadas las preguntas pon en práctica tus respuestas, has un hábito de esto.

La felicidad, no consiste en la desmedida satisfacción de muchas necesidades, sino en compartir. Es rico el que se conforma con lo que tiene, lo usa con amor y lo comparte con generosidad ¿Sabemos compartir con generosidad lo que tenemos con nuestros semejantes? Gregorio Mateu.

Déjame contarte un poco de mi historia de vida.

Parte de mi infancia transcurrió en mi bella natal tierra del padre Eterno, Sorochuco un distrito bendecido por Dios, tierra que fluye leche y miel, aquí es donde pase mi infancia a lado de mis queridísimos Padres y familiares, posteriormente viaje a la ciudad capital del carnaval Cajamarca para continuar con mis estudios superiores durante este proceso de formación profesional en muchas ocasiones no tenía ni un solo centavo ni para comerme un pan, sucede que un día Yo y mi amigo Paul un compañero de clases un gran amigo mío a quien estimo mucho por su valentía y perseverancia y capacidad para solucionar problemas, fue en aquel entonces cuando salimos en busca de locales para abrir un negocio con la finalidad de generar ingresos extras a la propina que nos daban nuestros padres para diferentes trabajos o tareas de la universidad y con el propósito de mejorar nuestra calidad de vida, recuerdo que recorremos casi todas las calles del mercado central de mi bella y acogedora ciudad capital del carnaval-

Cajamarca Perú, en ese entonces llego la hora de almuerzo es donde nos miramos fase to fase con la finalidad de que uno de los dos diga vamos te invito un plato de almuerzo fue en ese entonces que busque en los 4 bolsillos de mi pantalón, mi chaqueta y me di con la gran sorpresa de que no me acompañaba nada, Paul de igual modo solo encontró un sol la cual nos alcanzaba para comer cincuenta centavos de pan y cincuenta centavos de plátanos, hicimos la compra y nos dirigimos a un parque de ciudad a disfrutar de lo que teníamos con tanta nostalgia y tristeza recuerdo que Paul con lágrimas en sus ojos me dijo primo (me trataba así por cariño), hoy estamos así pero recuerda algún día tendremos algo mejor de comer y nunca lo olvides. Esto nos dio fuerza, motivación y perseverancia para seguir adelante no rendirse, meterle más ganas más dedicación, esfuerzo y terminar nuestra carrera profesional, paso el tiempo y nos graduamos, estudiamos algunas especialidades juntos y hoy en día somos socios de una pequeña empresa PREMIN la cual lo dedicamos a la compra de bines raíces. Así es amigos no se rindan métanle ganas mientras más pruebas pasen mejores resultados y logros alcanzaran. Los mediocres dirán no se puede, El desconfiado no lo creas, el fracasado no lo intentes, a diferencia del optimista que dice Yo puedo, el valiente no se rinde, el inteligente usa su mente, los triunfadores sueñan con lo imposible, ellos construyen el presente y el futuro.

Recuerden que desde las tierras más pantanosas crecen las más bellas flores y desde las rocas más agrestes brotan los más gigantescos árboles. De las constantes adversidades se hacen los temperamentos victoriosos, por los obstáculos que superes se medirá tu valentía, por el tiempo que resistas sin rendirte, demostraras tu perseverancia, por la humildad que tengas al salir victorioso se medirá la magnitud de tu triunfo. Orlando, M.A.

6. El sexto pasó, es que no debes guardar en tu corazón rencor hacia nadie; ese sentimiento no te dejará ser feliz; deja que Dios haga justicia y tú perdona y olvida. Dios es un ser maravillo confía, él es nuestra roca, nuestro escudo, nuestro castillo, te pido que tengas fe y le pidas de rodillas dale un espacio, lee la biblia y ponte en oración, cuando Yo hago estas cosas me siento más tranquilo, tomo mejores decisiones, tengo un mejor descanso y desarrollo mis actividades con mucho amor, amémonos unos a otros, todos somos hijos de él y tenemos los mismos derechos, nadie es mejor que nadie todos tentemos las mismas cualidades con diferentes características, la diferencia está en que existen personas con un grado académico más alto, pero eso no da derecho a criticar a los demás pero si a decir o manifestar lo que uno piensa, brindemos ayuda al que lo necesita enseñemos a

trabajar en equipo, mancomunadamente, articuladamente y seamos ejemplos para la sociedad. Recuerden que el cambio inicia por nosotros mismos.

Dios nos ama a todos por igual tanto a inicuos y a justos él tiene una bondad amorosa infinita.

Testimonio de ayuda de Dios

Me encontraba cursando el tercer siclo de la carrera ingeniería de minas en la universidad Privada del Norte de la ciudad de Cajamarca- Perú. Dentro de mi malla curricular se llevaba el curso de Geometría analítica y el profesor de la asignatura era muy exigente y estricto, para aprobar el curso se tenía que dar 5 exámenes (T1, Parcial, T2, T3 y Final), con notas aprobatorias mayores a 12, recuerdo que me tocaba dar un examen final para lo cual debía sacar una nota aprobatoria mayor a 17 puntos, puesto que en los exámenes anteriores había desaprobado y no solo mi persona, sino que la mayoría de estudiantes lo hacía, recuerdo con nostalgia que me encontraba preocupado porque sabía que para alcanzar la nota que me faltaba era difícil aprobarlo y más en un final que se consideraba las clases de todo el semestre. En aquel entonces me dirigí a la casa de mi tía Rosa lugar donde me quedaba, Ella me brindaba un cuarto para vivir, es allí donde me puse a estudiar mis apuntes inicié a las 6 pm de un día martes del mes de agosto del 2014, me sentía sin energías, desmotivado y pensativo porque era difícil aprobar y no contaba con dinero para pagar el examen sustitutorio, las horas trascurrían. Ya la 1 am del día miércoles , momento en que salí a la puerta de afuera para prevenir que el sueño me invada y me quede dormido, instante en que mire al cielo y entre lágrimas con mucha fe y de todo corazón le pedí al señor que me ayudara, le dije solo te tengo a ti padre, ayúdame aprobar esta asignatura que tanto me deprime, luego ingrese a mi habitación y de rodillas le clame a Jehová, después seguí estudiando hasta las 3 de la mañana seguido tome un descanso de 3 horas aproximadamente para después salir a las 6 am con destino a la Universidad, ya estando allí llegó el momento de dar la prueba, la misma que constaba de 4 ejercicios de matemática, para sorpresa inmediatamente lo resolví todos los problemas, consiguiendo una nota aprobatoria sorprendente de 19 puntos, que alegría me encontraba tan emocionado que el señor me escucho, esta fecha nunca olvidare, me ayudo él estaba allí conmigo. Desde ese momento le prometí que este testimonio lo compartiría con mis amigos, familiares y resto de personas para que sepan que Él siempre está aquí en la tierra apoyándonos de alguna forma en todo momento. Si tienes una historia similar escríbelo aquí abajo y reconoce la existencia de nuestro padre celestial.

7. El séptimo paso, es que no debes tomar las cosas que no te pertenecen, recuerda que, de acuerdo a las leyes de la naturaleza, si robas hoy, mañana te quitarán algo de más valor. Decía un viejo proverbio "Si no es de ti de alguien será", entonces lo correcto es dejar en su mismo lugar donde lo ves, seamos personas honestas, y dejemos que Dios nos bendiga en abundancia. No intentemos cambiar el mundo, es una tarea difícil e imposible, primero cambiemos nosotros y con nuestro ejemplo que lo haga el resto.

Los seres humanos siempre tienden a cometer errores, por ejemplo; si vas a comprar a una bodega o a una señora que vende verduras en el mercado y te da tu vuelto de más, tú te sientes feliz, celebras y dices me gane más dinero, pero no te estás dando cuenta que desde ese momento ya le estas robando. Ser honrado quiere decir que estas respetando y la valorando las cosas ajenas.

Honradez

Cualidad la cual se designa a las personas que se muestra tanto en sus obras, manera de pesar, como justa, recta e íntegra. La honradez son virtudes más importantes y valorables que se puede rescatar de una persona o que una persona puede cultivar a través de sus actos. Una sociedad en la que exista gente honesta, será una sociedad más recta y justa en todos los ámbitos.

Respeto

Significa valorar a los demás, no tolerar bajo ninguna circunstancia la mentira, repugnar la calumnia y el engaño. Ahora que ya sabemos que es el respeto podemos hablar que es el respeto a las cosas ajenas.

El respeto a las cosas ajenas es una actividad de valoración de todos los seres humanos. Si tu valoras lo que no es tuyo, también enseña a tus hijos, entonces no te vas arrepentir de ellos, cuando van al colegio te traen útiles con otro nombre, entonces dile, esto no es tuyo debe ser de un compañerito, regrésalo y devuelve, pídele disculpas porque fue un error o te confundiste, y él debe estar contento y más seguro, entonces aprenderá también a cuidad y respetar las cosas de los demás. Por ello siempre se tiene que inculcar valores a los hijos desde pequeños para que sean buenos hombres ante la sociedad. Los seres humanos honestos, son aquellas personas que pueden obtener más bendiciones, mucho éxito y fortunas, porque son personas que han trabajado duro, luchado por sus objetivos hasta conseguirlo sin apropiarse de lo ajeno.

A los hombres no se les mide por su estatura ni por su tamaño, sino por sus conocimientos. A los países no se les mide por su extensión sino por el grado de cultura que poseen sus habitantes. José Martí.

Historia de Ladrón Caco Malako

Esta historia, me hiso entender muchas cosas, así como hasta dónde puede llegar un ser humano que solo piensa en lo fácil.

Caco Malako era ladrón de profesión. Robaba casi cualquier cosa, pero fue tan habilidoso, que nunca lo habían pillado. Así que hacía una vida completamente normal, y pasaba por ser un respetable comerciante. Robara poco o robara mucho, Caco nunca se había preocupado demasiado por sus víctimas; pero todo eso cambió la noche que robaron en su casa. Era lo último que habría esperado, pero cuando no encontró muchas de sus cosas, y vio todo revuelto, se puso verdaderamente furioso, y corrió todo indignado a contárselo a la policía. Y eso que era tan ladrón, que al entrar en la comisaría sintió una alergia tremenda, y picores por toda la parte de su cuerpo.

¡Ay! ¡Menuda rabia daba sentirse robado siendo él mismo el verdadero ladrón del barrio! Caco comenzó a sospechar de todo y de todos. ¿Sería Don Tomás, el panadero? ¿Cómo podría haberse enterado de que Caco le quitaba dos pasteles todos los domingos? ¿Y si fuera Doña Emilia, que había descubierto que llevaba años robándole las flores de su ventana y ahora había decidido vengarse de Caco? Y así con todo el mundo, hasta tal punto que Caco veía un ladrón detrás de cada sonrisa y cada saludo. Tras unos cuantos días en que apenas pudo dormir de tanta rabia, Caco comenzó a tranquilizarse y olvidar lo sucedido. Pero su calma no duró nada: la noche siguiente, volvieron a robarle mientras dormía.

Rojo de ira, volvió a hablar con la policía, y viendo su insistencia en atrapar al culpable, le propusieron instalar una cámara en su casa para pillar al ladrón con las manos en la masa. Era una cámara modernísima que aún estaba en pruebas, capaz de activarse con los ruidos del ladrón, y seguirlo hasta su guarida.

Pasaron unas cuantas noches antes de que el ladrón volviera a actuar. Pero una mañana muy temprano el inspector llamó a Caco entusiasmado:

- ¡Venga corriendo a ver la cinta, señor Caco! ¡Hemos pillado al ladrón!

Caco saltó de la cama y salió volando hacia la comisaría. Nada más entrar, diez policías se le echaron encima y le pusieron las esposas, mientras el resto no paraba de reír alrededor de un televisor. En la imagen podía verse claramente a Caco Malako sonámbulo, robándose a sí mismo, y ocultando todas sus cosas en el mismo escondite en que había guardado cuanto había robado a sus demás vecinos durante años, casi tantos, como los que le tocaría pasar en la cárcel (Pedro Pablo Sacristán).

A través de esta historia se puede deducir que cuando una persona se acostumbra a los malos hábitos ya no se percata ni si quiera de lo que hace, del daño que puede causar a las demás personas como así mismo.

Anécdota del teléfono

Les voy a contar una anécdota que le paso a una compañera de la universidad. Ella tomó una moto de su casa a la universidad, en el transcurso de la ruta se percata que en el asiento estaba un teléfono celular, entonces la coge, lo observa y lo deja en el mismo lugar, le dice al conductor, señor en el asiento hay un teléfono es suyo, él señor contesta ¡no!, de algún pasajero debió ser, me permites, ella le entrega el teléfono y en ese instante entraba una llamada, el conductor más astuto apago el equipo y lo guardo. Entonces ella menciona que en ese momento sintió rabia, indignación, pero no pudo hacer nada. Cuantas personas existirán en nuestra sociedad como este señor, gente que solo piensa en el bien personal y no en los demás. El señor podía devolver el teléfono, recibir una gratificación y quedar con la conciencia limpia.

Esta historia real le paso a una amiga y compañera de la universidad, en cuanto me narro yo sentí mucha indignación y tristeza por la existencia de este tipo de personas escorias de la sociedad. Cuando a ti te suceda un caso similar encáralo o entrégalo en la comisaría más cercana a tu vivienda para que devuelvan a su dueño.

Características de una persona honesta.

Estas son algunas de las características más resaltantes de una persona honesta.

Se quiere así misma

Reconoce su valor como persona.

Reconoce la existencia de Dios y vive de acuerdo a su ley.

Inspira confianza en los demás.

Rechaza rotundamente aparentar lo que no es.

Admite sus errores y trate de cometerlos nuevamente.

Cumple con sus promesas.

Respeta las pertenecías ajenas.

Hoy en día ser honesto es, sin duda, uno de los valores más buscados en cualquier persona, ya sea amigo, pareja, hijo o jefe, es uno de los pilares que más importa en nuestra sociedad. La honestidad es un valor que desde niño me inculcaron mis padres, me enseñaron que siempre hay que decir la verdad, aunque ello te genere una bronca o un castigo, y que el valor a la honestidad se premia con grandes recompensas. Todo esto nos hace que empecemos a relacionar desde nuestra niñez, que ser honestos y decir la verdad tiene siempre buenos resultados hacia nosotros, muchas veces en los niños es más rápido asociarnos ser honestos con premios materiales. ¿Qué padre no ha dicho a su hijo?, ¿cómo me has dicho la verdad, no te voy a castigar, "como no me has mentido te perdono y podemos ir de compras"? Pero cuando ya uno crese, se da cuenta que ya no se negocia y que el efecto no es inmediato y su importancia en nosotros disminuye.

Un buen árbol da buenos frutos y un buen padre da buenos hijos. Jesucristo.

Nunca negocies con tus hijos.

Nuestra felicidad depende de nuestras decisiones, nuestras decisiones dependen de lo que procesa nuestro cerebro y su forma de procesar depende de nuestra escala de valores, por lo tanto, si la honestidad y la verdad no la tenemos en la primera de la lista como valores súper importantes, nuestro cerebro no procesará la verdad que estamos viviendo, y si no procesamos la realidad de nuestra vida nunca sabremos qué necesitamos y por lo tanto cuáles son las mejores decisiones para nosotros. ¿Y en qué desemboca esto? En no ser feliz. Al no querer admitir nuestra realidad, por difícil que sea, y no aceptarla en muchas ocasiones, activa las defensas y aparecen las excusas y búsqueda de un culpable de nuestra desgracia, haciendo así más fácil aceptar nuestra vida y seguir con nuestra rutina, pero lo que el cerebro no nos dice es que el problema se hace más grande hasta que llega a explotar haciéndonos más daño y generando mucha tristeza.

Un claro ejemplo para que lo entiendas mejor.

Muchas de las parejas hoy en día sufren una crisis matrimonial, disminuyen las caricias y los mimos. Ante esta situación muchos de los cerebros piensan y procesan que su pareja está cansada por los días estresantes que ha tenido y que el cansancio es consecuencia del trabajo, lo que las lleva a decidir que para solucionar esta situación es necesario que su pareja tenga un hobby y se distraiga más para poder salir del estrés que está sometido.

Pero la sorpresa aumenta cuando la distancia hacia la pareja se hace mayor y las caricias disminuyen mucho más.

Muchas veces no entendemos que está pasando y vuelve a buscar otra solución que acaba sin tener éxito, y no nos damos cuenta que el problema somos nosotros mismos y que nuestra pareja ha dejado de querernos porque hay cosas que han dejado de gustarle de su forma de ser. Sin embargo, seguimos buscando explicaciones ya que, aceptar la realidad de la situación, le producirá una frustración que su cerebro siente como excesiva. Sin embargo, cuando somos sinceros con nosotros mismo, cuando somos honestos y le decimos a nuestro cerebro «basta, he decidido ver la realidad de lo que está pasando y puedo aguantar cualquier frustración para superarla sin problemas", nuestro cerebro permite que tus ojos puedan ver el verdadero problema de tu infelicidad y que puedas tomar la mejor decisión. En este caso posiblemente sea la de dejar de dirigir la vida de nuestra pareja, o buscar momentos para la pareja en soledad. A veces las soluciones son muchísimo más fáciles de lo que nos pensamos.

Por una semana trata a todos por igual sin excepción de persona como si fueran las mejores de este mundo. John C. Maxwell.

Escribe los resultados de la primera semana en las siguientes líneas y descubrirás que los demás te trataran de la misma manera que lo trataste.

Nosotros podemos ser honestos con uno mismo, aceptando nuestros problemas y buscarlo soluciones, teniendo claro que somos quien decide por nuestra felicidad, aceptando que todo cambio tiene consecuencia, todas las personas tienen aspectos en su vida por mejorar, vives para disfrutar, no castigarse con el pensamiento que no haces las cosas bien, centra tu tiempo en tomar decisiones para ti mismo, aprender a superar las frustraciones y transformar la fuerza de tus lágrimas con decisión y voluntad. El éxito y la felicidad comienza con la voluntad de hombre.

8. El octavo paso, es que no debes maltratar a nadie; todos los seres del mundo tienen derecho a ser respetados, amados y queridos. Dile no a la violencia se cómo GANDHI (1869 – 1948) Líder hindú. Fundo su acción sobre el principio de la no-violencia. De joven fue violento. Si este señor cambio tú también puedes hacerlo se seguidor número uno de ti MISMO.

No permita que alguien te lastime

Evite absorber las malas vibras de la gente tóxica que vive malgeniada y aburrida con la vida. Esa forma de ser no puede, desde ningún punto de vista, hacer trastabillar su estado de ánimo. Porque cuando alguien lo maltrata, ya sea por el color de su piel, por sus exiguas, cuentas bancarias o por el grupo familiar al que pertenece, jamás aprenderá a soportar las limitaciones de la estrechez que le muestra la vida.

Existen sujetos que de alguna manera te pueden tirar basura o te propinen groserías, debe sacar a relucir una gran armadura para contrarrestar tales efectos.

Por muy destructiva que sea la crítica, si no se le da importancia no se percibirá como una ofensa. Cuando alguien es sencillo crea un aura de paz. No en vano alguien decía que la humildad nos acercaba a la gloria. ¡Y tenía razón! Las demás cosas, la petulancia y el falso orgullo, hacen que nos sintamos 'gigantes' y en medio de un mundo que, en últimas, no deja de ser un mar de burbujas que en cualquier momento nos ahoga y nos convierte en simple gotitas. En síntesis, es claro que el mal ambiente que algunos generan lo podría afectar, pero sólo si usted se los permite. Sin embargo, debe tener presente que no vale la pena dejarse abatir por quienes sólo quieren aburrirlo.

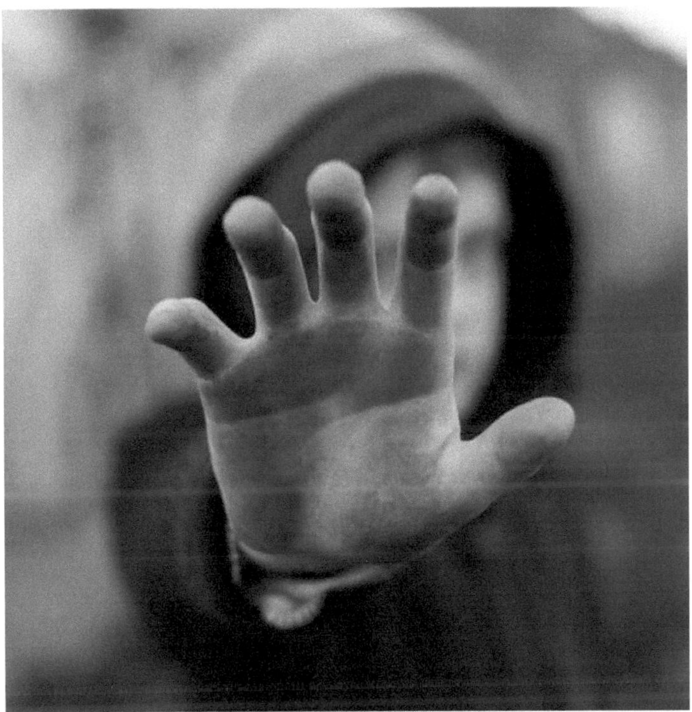

Una forma correcta de tratar con las personas

A continuación, encontraras algunas pautas que te ayudaran a brindar un mejor trato a las personas de tu entorno.

Ser respetuoso es una cualidad valiosa que probablemente te haga llegar lejos en tu vida tanto profesional como personal. Para tratar a las personas con respeto, debes reconocer sus sentimientos y tener buenos modales. Cuando alguien hable, escúchalo con atención y no lo interrumpas ni seas malcriado. De todos modos, puedes hablar con alguien y tratarlo con respeto, aunque no estés de acuerdo con él. Finalmente, no olvides que, al tratar a los demás con respeto, es probable que ellos te traten a ti del mismo modo.

Debes ser amable hacia los demás si quieres que ellos sean amables contigo. Para que los demás te hablen con calma, tú debes hablarles a ellos con calma. Si observas algo en otra persona que no te guste, debes asegurarte de no tratar así a los demás sino, en cambio, de mostrarles las palabras y comportamientos que te gustaría recibir de ellos.

Seguido les contare una historia real vivida durante mi primera experiencia en minería.

Historia de trato con las personas

Fueron los más decisivos para iniciar un nuevo camino en el mundo de la minería, para escribir esta experiencia real vivida, inicie apoyando a mi área de SSOMA con el recibimiento de personal nuevo a proyecto y brindando capacitaciones de ANEXO 5, de acuerdo a la ley 29783 y sus respectivos decretos se pasa 8 horas diarias de capacitación específica en el área de trabajo, conjuntamente con el resto de colegas en este proceso recuerdo que por iniciativa mía en el temario incluimos un tema de Oratoria Liderazgo y motivación el cual sería dictado por mi persona y tendría muchos éxito al tener la aceptación por más de 300 trabajadores mineros de aquel entonces, me brindaban 40 minutos para dictar mi capacitación tiempo en que lo aprovechaba al máximo para motivar, exaltar, agrandar y convencer, ¿pero quién era Yo para enseñar estos temas?, he aquí les comento que antes de iniciar a trabajar lleve esta especialización en TEA(Taller de expresión artística) una escuela muy reconocida de Oratoria con su central de avenida Tacna cercado de lima Perú. Este curso me ayudó muchísimo a tratar y liderar grandes grupos de personas, con la cual conseguí ser muy reconocido por todos los trabajadores obreros y resto de personal de oficina debido al buen uso de la palabra, al buen trato y respeto que les brindaba esto me hizo abrir los ojos y afirmar la frase de John C. Maxwell. Trata a todos como si fueran los mejores de este mundo y Ellos te trataran del mismo modo, con esto quiero darles a entender que las personas son la imagen de su reflejo.

Como actuar frente a un grito

Por ejemplo, cuando alguien te grite, puedes responderle con una voz tranquila y comprensiva. Si aun así la otra persona no cede, entonces aléjate de ella. No es necesario que te caiga bien alguien para que lo trates con respeto. Tan solo es necesario que reconozcas que tiene un valor básico como ser humano independientemente de quién sea o de la forma como te trate. Una persona merece respeto por muy enojado o molesto que estés con ella.

Cada vez que hables, debes tomar en cuenta la forma como los demás podrían interpretar tus palabras y reconocer sus sentimientos cuando reaccionen o respondan. Si vas a decir algo delicado, debes hacerlo con sensibilidad. Debes usar tus palabras de manera sensata, ya que estas son poderosas

Buenos modales

Asegúrate de solicitarle las cosas a la gente en lugar de exigírselas. Los buenos modales son tan simples como decir "por favor" y "gracias" al pedirle algo a alguien y demuestran que respetas el tiempo y el esfuerzo que esta persona dedica a ayudarte. Perfecciona algunas habilidades que demuestren buenos modales. Por ejemplo, debes disculparte si interrumpes una conversación, así como también ofrecerle el asiento a alguien en una reunión y esperar en fila a que llegue tu turno. Cuando alguien hable, debes prestarle toda tu atención, escuchando realmente lo que quiera decir en lugar de planificar lo que vayas a responder. Apaga el televisor o coloca tu celular en modo silencio para ponerles un límite a las distracciones que te rodeen. Practica el enfocarte únicamente en la otra persona y no en ti mismo.

Debes escuchar las ideas, opiniones y consejos de los demás con la mente abierta y tomar en cuenta sus palabras sin descartarlas de inmediato, aunque no necesariamente estés de acuerdo con ellas.

Valora a los demás

Demuéstrale a la persona que la valoras tanto a ella como a lo que dice. Para ello, puedes evitar interrumpirla, hacerle preguntas para comprenderla mejor y escuchar sus opiniones, aunque difieran de las tuyas. Debes reconocer cuando te

equivoques. Cometer errores es normal, pero lo importante es reconocerlos y la forma en la que tienen un impacto en los demás. Al disculparte, debes demostrar tu arrepentimiento y tu consciencia de que cometiste un error y tratar de enmendarlo de ser posible. Frente a cualquier equivocación podrías disculparte de la siguiente manera y quedar bien.
Lamento haberte levantado la voz. Eso fue grosero e irrespetuoso. En el futuro, haré mi mejor esfuerzo por hablarte con tranquilidad.

Si llegaste hasta aquí es porque ya no eres el mismo, encontraste el camino perfecto para ser feliz, abundante y próspero. Te recomiendo que pongas en práctica todo lo leído as un hábito personal de este libro estoy seguro que te ayudo a generar un cambio de 180 grados y, por último, levántate siempre con una sonrisa en los labios, observa a tu alrededor y descubre en todas las cosas el lado bueno y bonito. Piensa en lo afortunado que eres al tener todo lo que tienes; ayuda a los demás, sin pensar que vas a recibir nada a cambio; mira a las personas y descubre en ellas sus cualidades y dales también a ellos el secreto para que sean triunfadores y de esta manera, puedan ser felices. Aplica estos pasos y verás qué fácil es ser feliz, porque, al final, la felicidad depende de ti."
El hombre que lee mejora su personalidad y refina su carácter. Orlando, M.A.

Indice

Printed by Books on Demand GmbH, Norderstedt / Germany